2.-4. Schuljahr

Marion Brugger

Die Ägypter

Sachunterricht Grundschule

Fix & fertige Unterrichtseinheiten in zwei Differenzierungsstufen

www.kohlverlag.de

Die Ägypter

Sachunterricht Grundschule

1. Auflage 2023

© Kohl-Verlag, Kerpen 2023
Alle Rechte vorbehalten.

Inhalt: Marion Brugger
Coverbilder: © MiaStendal – AdobeStock.com
Redaktion: Kohl-Verlag
Grafik & Satz: Tatjana Wörner & Kohl-Verlag
Druck: Druckerei Flock, Köln

Bestell-Nr. 12 895

ISBN: 978-3-98558-295-2

Das vorliegende Werk und seine Teile sind urheberrechtlich geschützt. Jede Nutzung in anderen als den gesetzlich zugelassenen Fällen bedarf der vorherigen schriftlichen Einwilligung des Verlages. Hinweis zu § 52a UrhG: Weder das Werk noch seine Teile dürfen ohne eine solche Einwilligung eingescannt und in ein Netzwerk oder das Internet eingestellt werden. Dies gilt auch für Intranets von Schulen und sonstigen Bildungseinrichtungen.

Der vorliegende Band ist eine Print-Einzellizenz

Sie wollen unsere Kopiervorlagen auch digital nutzen? Kein Problem – fast das gesamte KOHL-Sortiment ist auch sofort als PDF-Download erhältlich! Wir haben verschiedene Lizenzmodelle zur Auswahl:

	Print-Version	PDF-Einzellizenz	PDF-Schullizenz	Kombipaket Print & PDF-Einzellizenz	Kombipaket Print & PDF-Schullizenz
Unbefristete Nutzung der Materialien	x	x	x	x	x
Vervielfältigung, Weitergabe und Einsatz der Materialien im eigenen Unterricht	x	x	x	x	x
Nutzung der Materialien durch alle Lehrkräfte des Kollegiums an der lizensierten Schule			x		x
Einstellen des Materials im Intranet oder Schulserver der Institution			x		x

Die erweiterten Lizenzmodelle zu diesem Titel sind jederzeit im Online-Shop unter www.kohlverlag.de erhältlich.

Inhalt

Die Lage Ägyptens 4-6
Das Alte Ägypten 6-7
Ein Wald in der Wüste 8-10
Der Nil und die Jahreszeiten im Alten Ägypten 11-12
Der Nil heute 13-14
Was ist eine Hochkultur? 15-16
Die Gesellschaftsstruktur im Alten Ägypten 17-19
Die Bauern im Alten Ägypten 20-22
Die Ernährung im Alten Ägypten 23-24
Die Hieroglyphen 25-26
Die Kleidung im Alten Ägypten 27-28
Kindheit im Alten Ägypten 29-30
Der Pharao 31-32
Die Götter und der Glaube im Alten Ägypten 33-34
Mumien 35-36
Die Pyramiden 37-38
Erfindungen im Alten Ägypten 39-40
Lernzielkontrolle „Die Ägypter“ 41-42
Lösungen 43-50
Bildquellen 51

Vorwort

Liebe Kolleginnen und Kollegen,

das Alte Ägypten ist ein geschichtliches Thema, das Kinder in den höheren Grundschulklassen meist sehr interessiert. In diesem Buch präsentieren wir ihnen fix und fertige Arbeitsblätter, die Ihre Schülerinnen und Schüler auf eine Reise in das Alte Ägypten mitnehmen. Die Texte eignen sich dabei für die Grundschulklassen 2 und 4 sowie für die erste Klasse der Unterstufe.

Passend zu jeder Seite finden Sie außerdem Arbeitsblätter, die das zuvor Gelesene und Erlernte abfragen oder vertiefen. Der Vogel steht dabei für leichtere Aufgaben, die Katze kennzeichnet schwierigere Aufgaben.

Die Lesetexte und die Arbeitsblätter lassen sich ohne weitere vorbereitende Arbeiten im Unterricht einsetzen und sind nicht chronologisch aufeinander aufbauend. Sie können also sofort loslegen!

Im Anschluss an den Text- und Aufgabenteil finden Sie eine Lernzielkontrolle. In der Lernzielkontrolle werden wichtige Informationen überprüft, Detailwissen aus den Experten-Wissen-Kästchen wird nicht abgefragt.

Wir wünschen Ihnen gutes Gelingen und viel Freude mit dem Material!

Der Kohl-Verlag und

Marion Brugger (MA BEd.)

Die Ägypter
Sachunterricht Grundschule – Bestell-Nr. 12 895
KOHL VERLAG

Die Lage Ägyptens

Ägypten ist ein Staat in Afrika. Fast das ganze Land besteht aus Wüste. Vom Weltall aus betrachtet sieht man nur einen dünnen, grünen Strich, der sich wie ein Fluss durch die sandige Landschaft schlängelt. Mitten durch die Wüste fließt nämlich einer der längsten Flüsse der Welt: der Nil. An seinen Ufern wachsen Pflanzen und Bäume. Auch Tiere sind rund um den Nil beheimatet. Diesen grünen Bereich nennt man das Niltal. Die Mündung des Nils, die ebenso grün ist, wird als das Nildelta bezeichnet. Hier wohnen und arbeiten heute die meisten Menschen des Landes.

Während es im Norden des Landes etwa 30 Regentage im Jahr gibt, sind es in der Hauptstadt Ägyptens – in Kairo – nur 3 Regentage pro Jahr. Du kannst dir also gut vorstellen, dass Wasser hier für die Menschen ganz besonders wichtig ist. Im Alten Ägypten, zur Zeit der Pharaonen, war es vermutlich nicht so trocken, wie heute. Dort, wo heute Wüste ist, war damals Savanne. Bäume und Sträucher wuchsen und boten einen Lebensraum für Tiere. Doch auch damals schon gab es den Klimawandel. Es wurde immer trockener in Ägypten und die Wüsten entstanden.

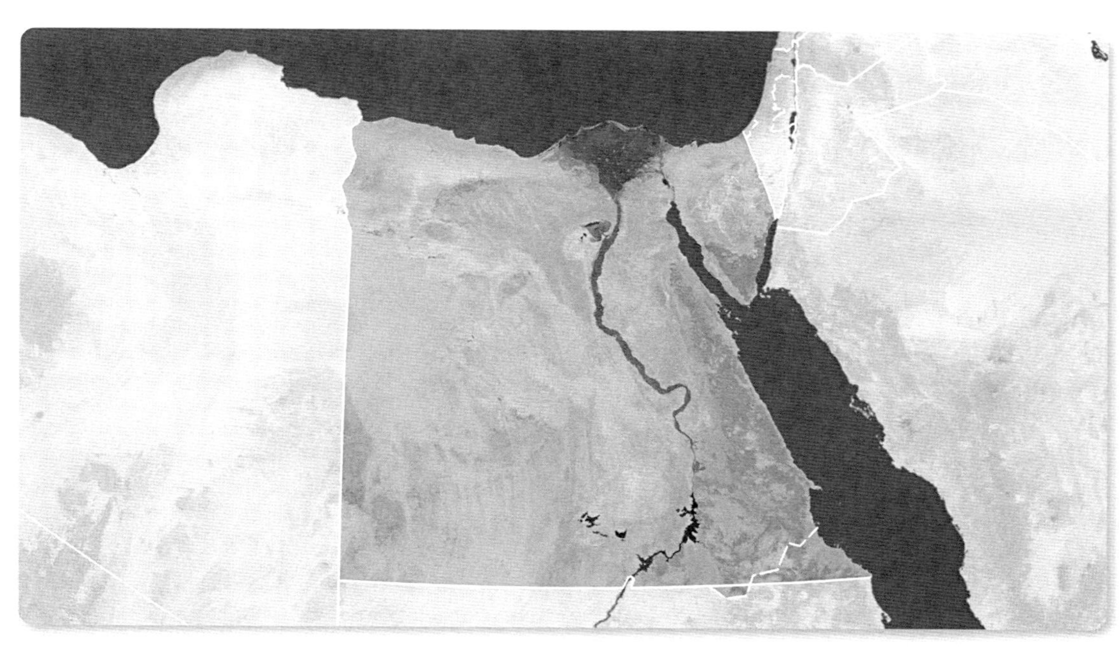

Die Lage Ägyptens

Aufgabe: ***Setze die Wörter richtig ein.***

Ägypten ist ein Staat in ________________ . Fast das ganze Land besteht aus ________________ . Im ________________ und entlang des Flusses leben die meisten ________________ . In Ägypten ist es sehr ________________ und die wenigen ________________ werden sehnlichst erwartet. Gerade deshalb ist der ________________ so wichtig für die Menschen, die in ________________ leben.

Menschen | Wüste | Nil | Niltal | Regentage | Afrika | Ägypten | trocken

Aufgabe: ***Rechne die Aufgabe aus und schreibe deine Antwort in dein Heft.***

Wenn es in Kairo durchschnittlich 1-mal in 365 Tagen regnet, wie oft regnet es dann in 7 Jahren, in 50 Jahren und in 80 Jahren? Wie oft regnet es in 36 Monaten und wie oft in 60 Monaten?

KOHL VERLAG Die Ägypter Sachunterricht Grundschule – Bestell-Nr. 12 895

Das Alte Ägypten

Wenn wir vom Alten Ägypten sprechen, dann reden wir von dem Geschehen in Ägypten vor über 5000 Jahren. Bei uns in Europa lebten zu dieser Zeit noch die Steinzeitmenschen. In Ägypten hingegen gab es bereits Könige. Sie wurden Pharaonen genannt. 2650 Jahre vor Christus wurde die erste Pyramide in Ägypten gebaut. Viele Jahre lang war Ägypten ein mächtiges Land. Heute noch bestaunen wir die Bauwerke aus dieser Zeit, die kunstvolle Schrift, das handwerkliche Geschick und die Erfindungen der alten Ägypter. Manche Fundstücke sind gut erhalten geblieben.

Etwa 500 Jahre vor Christus nahmen persische Könige das Land ein. Die fremden Herrscher waren beim Volk sehr unbeliebt. Schließlich wollten die Ägypter ein eigenständiges, stolzes Land sein und nicht bloß ein Teil des persischen Reichs. Pharao Nektanebos II versuchte sich gegen die persische Herrschaft zu wehren, verlor den Kampf aber. In vielen Geschichtsbüchern wird er als letzter Pharao von Ägypten bezeichnet.

300 Jahre vor Christus wurde Ägypten von dem Griechen Alexander dem Großen erobert. Er war der König von Makedonien. Die ägyptische Stadt Alexandria wurde von ihm gegründet.In ihr befindet sich eines der ursprünglich 7 Weltwunder: ein Leuchtturm.

Weitere 300 Jahre später wurde Ägypten ein Teil des römischen Reiches.

Das Alte Ägypten

<u>Aufgabe</u>: *Was fällt dir ein, wenn du an Ägypten kennst? Sammelt euer Wissen und erstellt gemeinsam eine Mindmap. Bestimmt wisst ihr zusammen schon eine ganze Menge.*

<u>Aufgabe</u>: *Hoppla, da ist aber etwas schief gegangen. Hier wurde der Text von hinten nach vorne geschrieben. Kannst du ihn trotzdem lesen? Starte am Ende des Textes und lies ihn bis zum Anfang. Übe zuerst leise. Dann lies den Text einem Mitschüler oder einer Mitschülerin vor.*

.sehcieR nehcsimör sed lieT nie netpygÄ edruw trubeG sutsirhC mU .nie
redeiw remmi dnaL sad nemhan nehceirG eid dnu remöR eid ,resreP eiD
.trebore slamrhem tieZ red efuaL mi edruw netpygÄ .nebeilbeg netlahre
netiekrabtsoK nenöhcs red eleiv hcon dnis kcülG muZ .reuahdliB dnu
rekrewdnaH ,reltsnüK ednegarrovreh neraw retpygÄ eiD .etnnan nenoarahP
hcis eid ,eginöK se bag netieZ neseid uZ .nerhaJ 0005 awte rov tnnigeb
ethcihcseG ehcsitpygä eiD

Die Ägypter
Sachunterricht Grundschule – Bestell-Nr. 12 895
KOHL VERLAG

Ein Wald in der Wüste

Da der größte Teil des Landes aus Wüste besteht, drängen viele Menschen zum Nil. Das Niltal und das Nildelta sind so dicht besiedelt, dass auf einem Quadratkilometer Fläche etwa 4-mal bis 5-mal so viele Menschen leben, wie in Deutschland. Das wird auch immer mehr zum Problem. Wo viele Menschen leben, wird auch viel Abfall und Abwasser produziert. Oft gelangt das schmutzige Abwasser dann ins Meer und wird zu einer Gefahr für die Meeresbewohner. Außerdem brauchen viele Menschen auch mehr Nahrung und mehr Lebensraum. Doch wie soll das in einer Wüste funktionieren?

Vor rund 30 Jahren hat die Regierung damit begonnen, Bäume in der Wüste zu pflanzen und sie mit aufbereitetem Abwasser zu gießen. Auch deutsche Wissenschaftler sind an dem Projekt beteiligt. Die Bäume wachsen durch die vielen Sonnenstunden sehr rasch. An manchen Stellen ist nun schon ein Wald entstanden. Wälder können zu häufigeren Regenfällen beitragen, was gut für die Landwirtschaft in Ägypten ist. Außerdem ist jeder neue Baum wichtig für unser Klima. Anstatt das Meer zu verschmutzen, trägt das Abwasser nun also zum Umweltschutz bei.

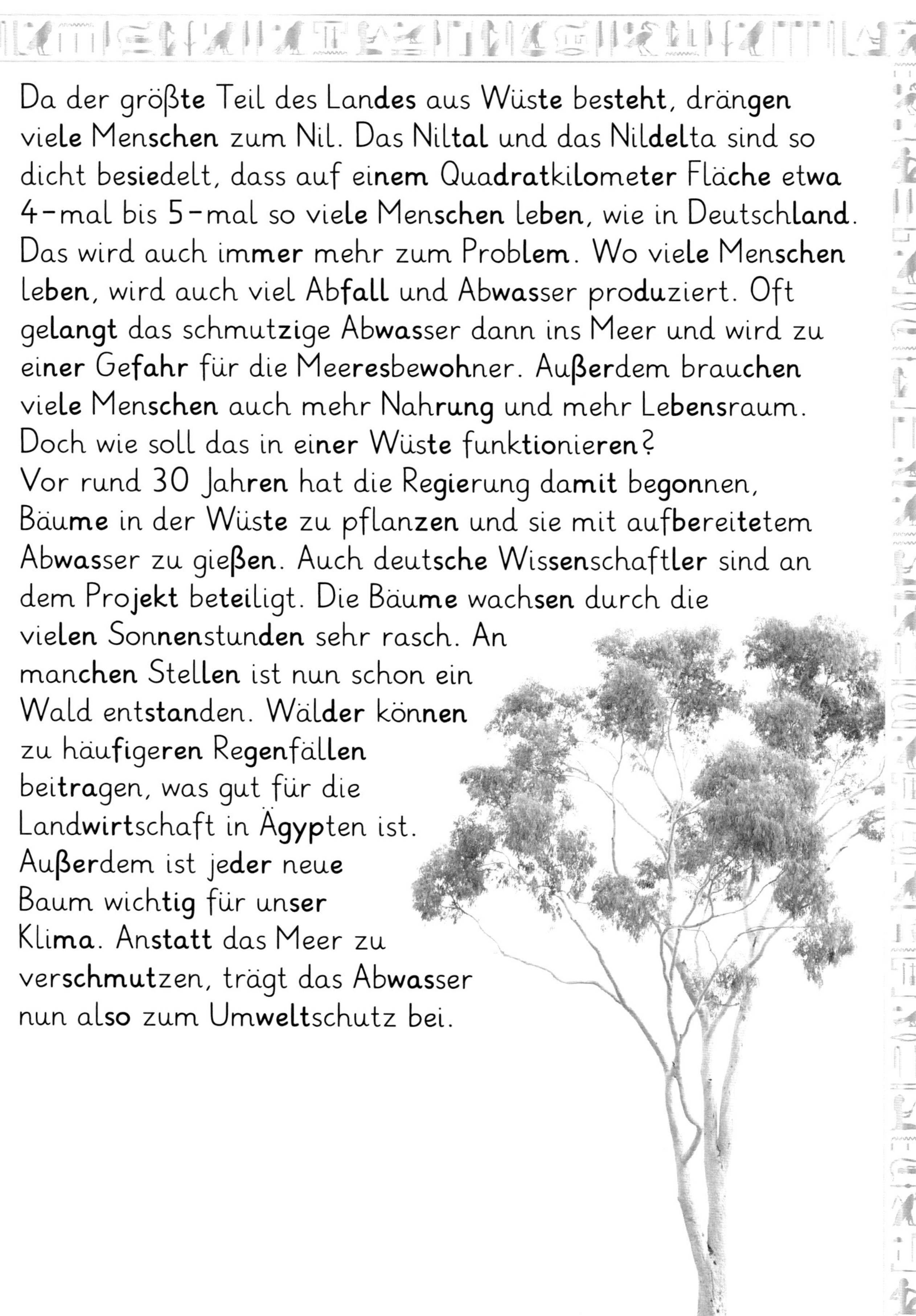

Ein Wald in der Wüste

Aufgabe 1: *Ein Wald in der Wüste sieht vermutlich ganz anders aus, als ein Wald bei uns. Dort wachsen Akazien, Eukalyptus und Zypressen. Wie stellst du dir diesen Wald vor? Schneide die Bäume auf dieser Seite aus und gestalte auf einem Zeichenblatt einen Wüstenhintergrund. Dann klebe die ausgeschnittenen Bäume als Wald auf.*

KOHL VERLAG Die Ägypter Sachunterricht Grundschule – Bestell-Nr. 12 895

Ein Wald in der Wüste

<u>Aufgabe 2</u>: *Wie viele Kamele gehen nach rechts und wie viele nach links? Trage die richtigen Zahlen ein.*

links

rechts

<u>Aufgabe</u>: *Warum ist es, deiner Meinung nach, wichtig Bäume zu pflanzen? Kennst du einen Wald in deiner Nähe? Welche Bäume wachsen dort? Wo sollten weitere Wälder gepflanzt werden und warum? Schreibe deine Überlegungen auf. Dann sprich mit einem Partnerkind über deine Notizen.*

Der Nil und die Jahreszeiten im Alten Ägypten

Der Nil ist 6671 Kilometer lang. Immer noch streiten sich Wissenschaftler und Wissenschaftlerinnen darüber, ob nun der Nil oder der Amazonas der längste Fluss der Welt ist. Würdest du den Nil jedenfalls als Band rund um die deutsche Grenze legen, könntest du damit Deutschland mehr als eineinhalb mal umwickeln. Der Fluss fließt auch durch andere afrikanische Länder. Aber für Ägypten, das Land, in dem Niederschlag so selten ist, hatte der Nil schon seit jeher die größte Bedeutung. Rund um den Nil gab es fruchtbare Böden und damit Nahrung und Leben. Dank des Nils konnte sich hier eine Hochkultur entwickeln.

Für die Menschen im Alten Ägypten war der Nil so wichtig, dass sie sogar die Jahreszeiten nach den Überschwemmungen oder Trockenzeiten benannten.

Es gab Achet, die Zeit der Überschwemmung. Dabei trat der Nil über seine Ufer und überflutete die Felder. Was nach einer Überflutung zurückblieb war fruchtbarer Nilschlamm, den die Bauern als Dünger nutzten.

Peret war die Zeit der Aussaat. Die Bauern verbrachten viel Zeit damit, sich um ihre Felder zu kümmern. Nach dem Aussäen des Getreides trampelten Rinder über die Felder, damit die Samen nicht von den Vögeln weggepickt werden konnten.

Schemu schließlich war die Trockenzeit, die Zeit der Hitze und der Ernte. Bei der Ernte half die ganze Familie mit.

Die Ägypter
Sachunterricht Grundschule – Bestell-Nr. 12 895
KOHL VERLAG

Der Nil und die Jahreszeiten im Alten Ägypten

Aufgabe: *Kreise die Buchstaben neben der richtigen Antwort ein. Die Buchstaben ergeben ein Lösungswort!*

1. Wie lange ist der Nil?

   A 4671 km   H 6671 km   E 6975 km

2. Wie heißt ein weiterer sehr langer Fluss?

   I Amanda   U Amazedes   O Amazonas

3. Warum ist der Nil so wichtig?

   M Weil er eine Verbindung zwischen Afrika und Europa ist.
   G Weil in ihm seltene Meeresbewohner leben.
   C Weil es rund um den Nil fruchtbare Böden gibt.

4. Was benannten die Menschen nach dem Nil?

   K die Uhrzeit   H die Jahreszeiten   L die Wochentage

5. Wie hieß im Alten Ägypten die Zeit der Überschwemmung?

   K Achet   R Achtel   D Machmet

6. Warum waren die Überschwemmungen gut für die Bauern?

   O Weil alles wieder sauber wurde.
   U Weil fruchtbarer Nilschlamm zurückblieb.
   E Weil sie gern schwimmen gingen.

7. Was machten die Bauern nach den Überschwemmungen in der Jahreszeit Peret?

   L die Aussaat   V die Trocknungen der Felder   T verreisen

8. Welche Tiere trieben die Bauern über ihre Felder?

   G Elefanten   S Gänse   T Rinder

9. Was war Schemu?

   I ein Werkzeug   F eine Süßspeise   U die Trockenzeit

10. Was machten die Bauern in der Trockenzeit?

    P Sie spielten Schach.   R Sie holten die Ernte ein.
    T Sie schrieben ein Buch.

Lösungswort: __ __ __ __ __ __ __ __ __ __

Der Nil heute

Über Jahrtausende hinweg lebten die Menschen mit dem Nil, den Überflutungen und der Dürre. Sie verstanden es, ihr Leben an den Nil anzupassen. Doch wie hoch die Ernte ausfiel, konnten auch die Bauern nie vorhersehen. In den 1960er Jahren, also vor etwa 60 Jahren, gab der damalige Staatspräsident deshalb den Auftrag den größten Staudamm der Welt zu errichten. Für den Bau des Damms, den man Assuan Staudamm nennt, entstanden Dörfer, in denen die vielen Arbeiter lebten. Über 400 Menschen starben bis zur Fertigstellung des Assuan Staudamms. Der Staudamm sorgt dafür, dass der Fluss besser reguliert werden kann und Felder das ganze Jahr über bewässert werden. Das bedeutet, dass die Menschen besser mit und an dem Fluss arbeiten können. Doch es gibt auch schlechte Folgen, mit denen niemand gerechnet hatte. Menschen verloren ihre Heimat, weil sie übersiedeln mussten. Auch historische Bauwerke mussten dem Staudamm weichen. Der fruchtbare Nilschlamm bleibt aus und Bauern müssen auf Kunstdünger zurückgreifen. Die Böden versanden, weil der Nil nicht mehr über seine Ufer tritt und den Wüstensand nicht mehr fortspült. Außerdem gibt es im Nil seit dem Bau des Staudamms weniger Fische. Viele Fische, die versuchen den Staudamm zu durchqueren, werden verletzt.

Die Ägypter
Sachunterricht Grundschule – Bestell-Nr. 12 895
KOHL VERLAG

Der Nil heute

Aufgabe: *Male die zusammenpassenden Satzteile mit derselben Farbe an.*

Die Menschen waren schon vor langer Zeit

Vor 60 Jahren wurde in Ägypten

Man wollte damit

Der Staudamm wurde

Nun konnten die Felder

Der Nachteil ist,

Bauern müssen daher

Die Böden

dass der fruchtbare Nilschlamm ausbleibt.

Assuan Staudamm genannt.

der damals größte Staudamm der Welt gebaut.

Kunstdünger verwenden und im Nil gibt es weniger Fische.

den Nil regulieren und ihn kontrollieren.

das ganze Jahr bewässert werden.

versanden und viele Menschen verloren ihre Heimat.

vom Nil und den Überschwemmungen des Flusses abhängig.

Aufgabe: *Hier siehst du ein Bild des Tempels von Abu Simbel. Er wurde während des Baus des Assuan Staudamms abgebaut und weiter im Landesinneren wieder aufgebaut. Doch ein Puzzleteil gehört hier nicht dazu. Finde es und streiche es durch!*

Was ist eine Hochkultur?

In der Geschichte wird oft von einer „Hochkultur" gesprochen. Neben der ägyptischen Hochkultur gibt es zum Beispiel auch die babylonische, die chinesische und die antike Hochkultur. Manche Wissenschaftler und Wissenschaftlerinnen finden, dass der Begriff Hochkultur eine Kultur besser wirken lässt, als eine, die keine Hochkultur ist. Deshalb sagen sie statt Hochkultur „komplexe Kultur". Unter einer Hochkultur verstehen die Historiker und Historikerinnen, also die Menschen, die sich mit der Geschichte befassen, ein Volk, das eine gemeinsame Sprache und Schrift hat. Außerdem haben Hochkulturen auch eine Religion und meist auch eine gemeinsame Armee. Hochkulturen konnten dort entstehen, wo das Land besonders fruchtbar war und Nahrungsmittel angebaut werden konnten. An solchen Stellen ließen sich nach und nach immer mehr Menschen nieder. Weil sich jeder Mensch mit etwas anderem gut auskannte, entstanden verschiedene Berufe. Dabei entdeckten die Menschen, dass sie voneinander lernen und Gegenstände oder Lebensmittel miteinander tauschen konnten. Das nennt man den Handel. Eine Hochkultur zeichnet sich durch all diese Merkmale aus.

KOHL VERLAG Die Ägypter Sachunterricht Grundschule – Bestell-Nr. 12 895

Was ist eine Hochkultur?

Aufgabe: *Wahr oder falsch? Kreuze an.*

	wahr	falsch
Es gibt mehrere Hochkulturen.		
Das Volk in einer Hochkultur hat dieselbe Frisur.		
Das Volk in einer Hochkultur hat Haustiere.		
Das Volk in einer Hochkultur hat eine gemeinsame Sprache und Schrift.		
In einer Hochkultur haben die Menschen keine Armee.		
In einer Hochkultur sitzt man auf Hochstühlen.		
Hochkulturen entwickeln sich dort, wo das Land besonders fruchtbar ist.		
Handel ist ein besonders schöner Tanz.		

Aufgabe: *Ergänze den Lückentext.*

Das Alte Ägypten war eine ___________ . In einer Hochkultur haben die Menschen eine gemeinsame ___________ , ___________ , ___________ und ___________ . Hochkulturen entstanden dort, wo das Land besonders ___________ war und ___________ angebaut werden konnten. Dort blieben die ___________ und ___________ voneinander. Sie tauschten ___________ oder Lebensmittel miteinander. So entstand der ___________ .

Sprache | lernten | Nahrungsmittel | Hochkultur | fruchtbar | Schrift | Gegenstände | Armee | Religion | Handel | Menschen

Die Gesellschaftsstruktur im Alten Ägypten (1/2)

Die Gesellschaft im Alten Ägypten folgte einer bestimmten Ordnung. Je nach Berufsstand waren manche Menschen angesehener und andere weniger, manche waren reicher und manche ärmer. An der Spitze der Pyramide stand stets der Pharao.

Der Pharao

Der Herrscher über das ägyptische Reich hieß Pharao und nannte sich Sohn des Sonnengottes Re, der als Beherrscher der Welt galt. Der Pharao hatte die meiste Macht und war gleichzeitig auch oberster Priester. Alle mussten tun, was der Pharao von ihnen verlangte.

Der Wesir

An zweiter Stelle nach dem Pharao stand der Wesir. Ein Wesir musste dem Pharao täglich berichten, was im Land geschah. Er wachte auch darüber, dass Gesetze eingehalten wurden und der Wille des Pharaos ausgeführt wurde.

Der Hohepriester und die Priester

Auch die Priester waren sehr angesehen. Ihre Aufgabe war es, die Götter anzubeten und einen toten Pharao einzubalsamieren und ihn zu bestatten. Der Hohepriester stand über den Priestern.

Pharao

Wesir

Hohepriester und Priester

Beamte und Schreiber

Künstler

Bauern, Händler, Bildhauer und Handwerker

Sklaven

Die Ägypter
Sachunterricht Grundschule – Bestell-Nr. 12 895
KOHL VERLAG

Die Gesellschaftsstruktur im Alten Ägypten (2/2)

Die Beamten und die Schreiber

Die Beamten und Schreiber teilten dem Volk die Befehle des Pharaos mit. Außerdem schrieben sie auf, wie viel Abgaben jeder Bauer an den Pharao zu leisten hatte.

Die Künstler

Interessant war bestimmt auch die Arbeit der Künstler. Sie malten wunderschöne Bilder in die Grabkammern.

Die Bauern, Händler, Bildhauer und Handwerker

Die meisten Menschen im Alten Ägypten waren Bauern. Ihr Ernteerfolg war vom Nil abhängig. Die Bauern mussten einen Teil ihrer Ernte dem Pharao abgeben. Wenn es auf den Feldern nichts zu tun gab, mussten sie beim Pyramidenbau helfen.
Die Händler waren oft mit Schiffen auf dem Nil unterwegs und tauschten ihre Waren. Bildhauer und Steinmetze schufen Statuen und Gefäße. Viele davon sind heute noch erhalten und können in Museen besichtigt werden. Handwerker bauten Gegenstände, die die Menschen jeden Tag brauchten. Tischler waren beispielsweise nicht nur für den Bau von Möbeln zuständig, sondern auch für den Bau von Booten und für den Sarkophag des Pharaos.

Die Sklaven

Viele Menschen, die in Kriegen gefangen genommen wurden, wurden im Alten Ägypten zu Sklaven gemacht. Sie waren meist für den Bau der Pyramiden oder anderer Bauwerke zuständig. Manche halfen auch im Haus oder auf dem Feld.

Experten-Wissen:
Frauen durften im Alten Ägypten zwar als Priesterin oder Ärztin arbeiten, doch wichtige Positionen – wie die Rolle des Schreibers oder des Wesirs – waren ausschließlich den Männern vorbehalten. Wichtig war den Menschen, dass eine Frau möglichst viele Kinder bekam.

Die Gesellschaftsstruktur im Alten Ägypten

Aufgabe: *Verbinde die Zahlen in der richtigen Reihenfolge. Dann male dein Bild an.*

Aufgabe: *Weißt du noch, wer an der Spitze der Gesellschaftspyramide im Alten Ägypten stand und wer welche Aufgabe hatte? Trage die Informationen im Raster ein.*

	Rangordnung in der Gesellschaft	Aufgabe
Hohepriester		
Pharao		
Schreiber		
Wesir		

Die Ägypter
Sachunterricht Grundschule – Bestell-Nr. 12 895
KOHL VERLAG

Die Bauern im Alten Ägypten

Die Bauern waren im Alten Ägypten besonders wichtig und wurden Fellachen genannt. Sie lebten und arbeiteten am Nil. Dabei nutzten sie den Schlamm, der nach einer Überflutung zurückblieb, als Dünger für ihre Felder. Um ihre Felder noch weiter bauen zu können, schufen sie ein Bewässerungssystem. Die Ägypter stauten das Wasser des Nils auf und leiteten es in Kanäle weiter. Diese Kanäle führten zu den Weizen- oder Gerstenfeldern. Leider mussten die Bauern ihre Kanäle oft neu graben, da der Nil sie zerstörte, wenn er über die Ufer trat.

Neben dem Weizen und der Gerste bauten die Fellachen aber auch Emmer an. Emmer ist eine Getreidesorte. Wenn es dann zur Ernte kam, halfen alle zusammen. Nicht nur die Familie des Bauern war damit beschäftigt, sondern auch andere Bauern, die einander gegenseitig halfen. Ein Steuereintreiber überwachte die Ernte. Er passte darauf auf, dass die Bauern einen Teil der Ernte als Steuer dem Pharao abgaben.

Obwohl die Fellachen eine sehr wichtige Aufgabe im Alten Ägypten übernahmen, wurden sie vom Pharao nicht sehr wertschätzend behandelt. Wenn die Flut kam und die Bauern nicht auf den Feldern arbeiten konnten, ließ sie der Pharao als Bauarbeiter bei der Errichtung der Pyramiden und Statuen helfen. Das war eine harte Arbeit.

Die Bauern im Alten Ägypten

Aufgabe: *Hier siehst du die Maske des Pharaos Tutanchamun. Zeichne die zweite Hälfte.*

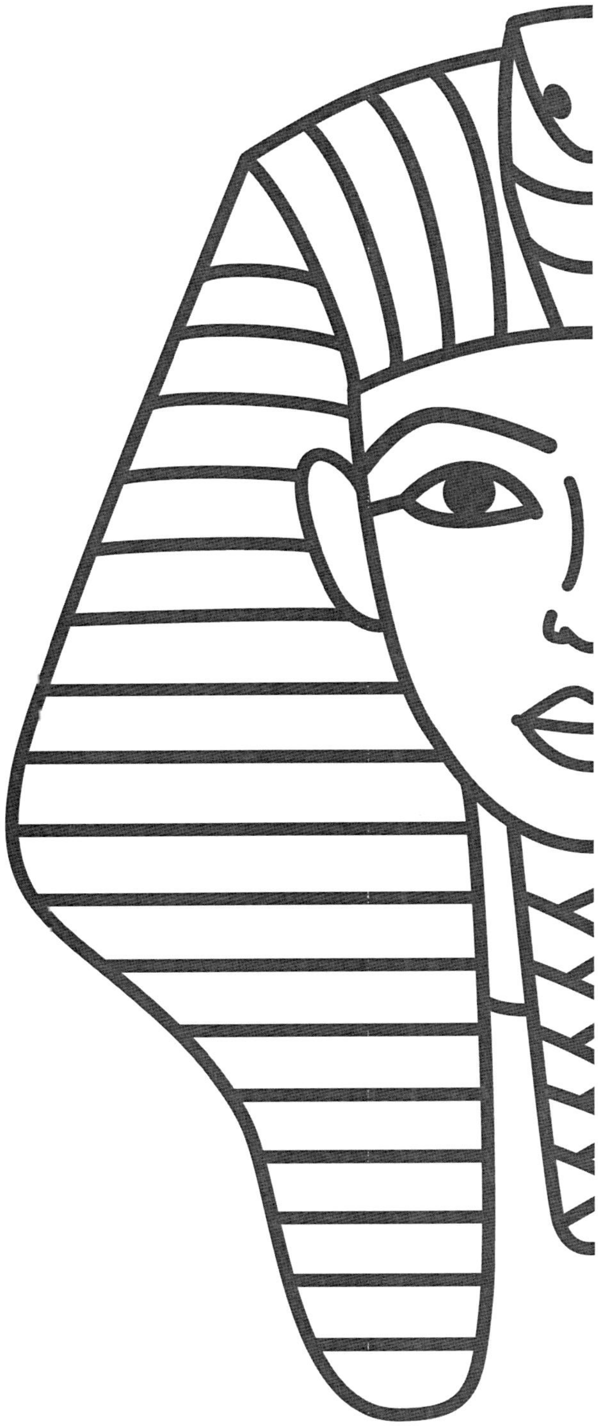

Die Bauern im Alten Ägypten

Aufgabe: *Löse das Kreuzworträtsel.*

1. Wie wurden die Bauern im Alten Ägypten genannt?
2. Womit düngten die Bauern ihre Felder?
3. Was führte zu den Weizen- und Gerstenfeldern?
4. Welche Getreidesorte bauten die Alten Ägypter neben Weizen und Gerste noch an?
5. Wer überwachte die Ernte?
6. Wem mussten die Bauern einen Teil der Ernte überlassen?
7. Bei welchen Bauwerken halfen die Bauern, während der Flut?
8. Was schufen die Alten Ägypter, um die Felder noch weiter bauen zu können?

Ä = AE

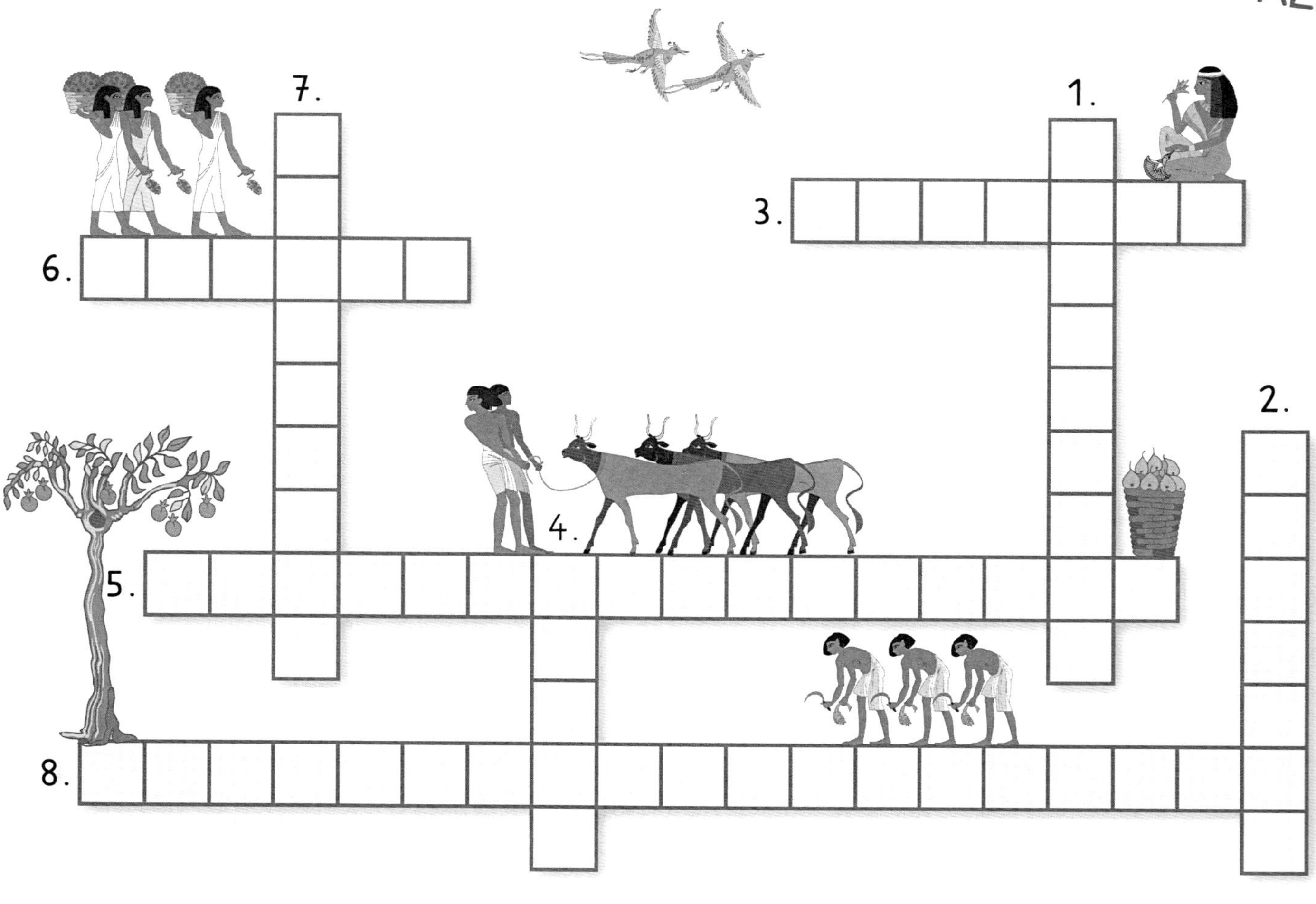

Die Ernährung im Alten Ägypten

Um herauszufinden, was im alten Ägypten auf den Tisch kam, sahen sich die Historiker und Historikerinnen Wandmalereien und Grabbeigaben an. Gerste, Weizen und Emmer waren im alten Ägypten wichtige Getreidepflanzen. Daraus wurden zum Beispiel Brot, Kuchen und Bier hergestellt. Selbst Pfannkuchen kannte man damals schon. Manchmal wurden Honig, Datteln oder Tigernüsse in den Teig gegeben, so schmeckte das Brot schließlich süß. Neben dem Brot aßen die Menschen im alten Ägypten gerne auch Fisch oder Fleisch. Fleisch kam aber bei den ärmeren Bewohnern Ägyptens nur sehr selten auf den Tisch.

Auch gekochte Papyrusstängel waren sehr beliebt. Für den Obst- und Gemüseanbau pflegten die Menschen ihre schönen Gärten. So wurden auch Zwiebeln, Nüsse, Oliven, Granatäpfel, Trauben, Datteln und Feigen gern gegessen. Viele Gewürze waren auch bereits im Alten Ägypten bekannt.

Getrunken wurden Wasser, Bier und manchmal Milch. Wer besonders reich war, konnte auch Wein trinken.

Forscher und Forscherinnen vermuten, dass sich die Menschen im alten Ägypten vor der Mahlzeit am Morgen, dem Frühstück, den Mund mit Wasser auswuschen.

Die Ägypter
Sachunterricht Grundschule – Bestell-Nr. 12 895
KOHL VERLAG

Die Ernährung im Alten Ägypten

__Aufgabe__: *Streiche durch, was die Menschen im Alten Ägypten noch nicht kannten und nicht aßen.*

__Aufgabe__: *Hoppla, hier wurde gekleckst! Kannst du den Text trotz der Tintenkleckse lesen und richtig aufschreiben?*

Was die Men[illegible]en im Alten [illegible]ypten gerne aßen, sehen wir auf Wandmalereien. Beliebte Get[illegible]idepflanzen waren Weizen, Ger[illegible] und [illegible]mer. Daraus machten die Alten Ägypter Brot, [illegible]annkuchen oder Kuchen. Dazu tranken sie gerne Mi[illegible], Wein oder Bier. Sie süßten ihr Brot mit [illegible]nig oder Ti[illegible]nüssen. Auch Fleisch und Fi[illegible] wurde gegessen. Zwiebel, Nüsse, Oliven, Granatäpfel, [illegible]auben, Datteln oder Fe[illegible]n standen ebenfalls auf dem Spe[illegible]plan.

Die Hieroglyphen

Eines der spannendsten Rätsel der Alten Ägypter ist ihre Schrift. Sie unterscheidet sich sehr zu unseren Buchstaben. Viele, viele Jahre lang konnte niemand die seltsamen Zeichen verstehen. Erst einem französischen Sprachwissenschaftler gelang es im Jahr 1822, also etwa 1500 Jahre nach dem Untergang des Ägyptischen Reichs. Besonders hilfreich war dafür der Stein von Rosette. Auf dem schwarzen Stein steht ein Text in drei verschiedenen Schriften. Neben den Hieroglyphen waren auch griechische Schriftzeichen zu finden. Da man die griechische Schrift gut lesen konnte, war es möglich die Hieroglyphen zu deuten. Den besonderen Stein kannst du heute noch im britischen Museum in London sehen. Hieroglyphen sind fast schon ein Kunstwerk. Die besonders schönen Schriftzeichen wurde von den Alten Ägyptern in Stein gemeißelt oder auf Papyrusrollen geschrieben. Für kurze Notizen verwendeten sie kurze, verschiedene Striche, die nur wenig an Hieroglyphen erinnerten. Die etwa 700 Schriftzeichen zeigen Tiere oder Gegenstände und stehen entweder für einzelne Buchstaben oder auch für ein ganzes Wort.

Nur wenige Menschen konnten im Alten Ägypten schreiben. Deshalb war der Beruf des Schreibers sehr angesehen. Die Schrift nannten sie „Gotteswörter". Der Begriff Hieroglyphen stammt aus dem Griechischen und bedeutet „heilige Vertiefungen".

KOHL VERLAG
Die Ägypter
Sachunterricht Grundschule – Bestell-Nr. 12 895

Die Hieroglyphen

Aufgabe: Hier siehst du einige Hieroglyphen. Versuche deinen Namen mit diesen Bildzeichen zu schreiben.

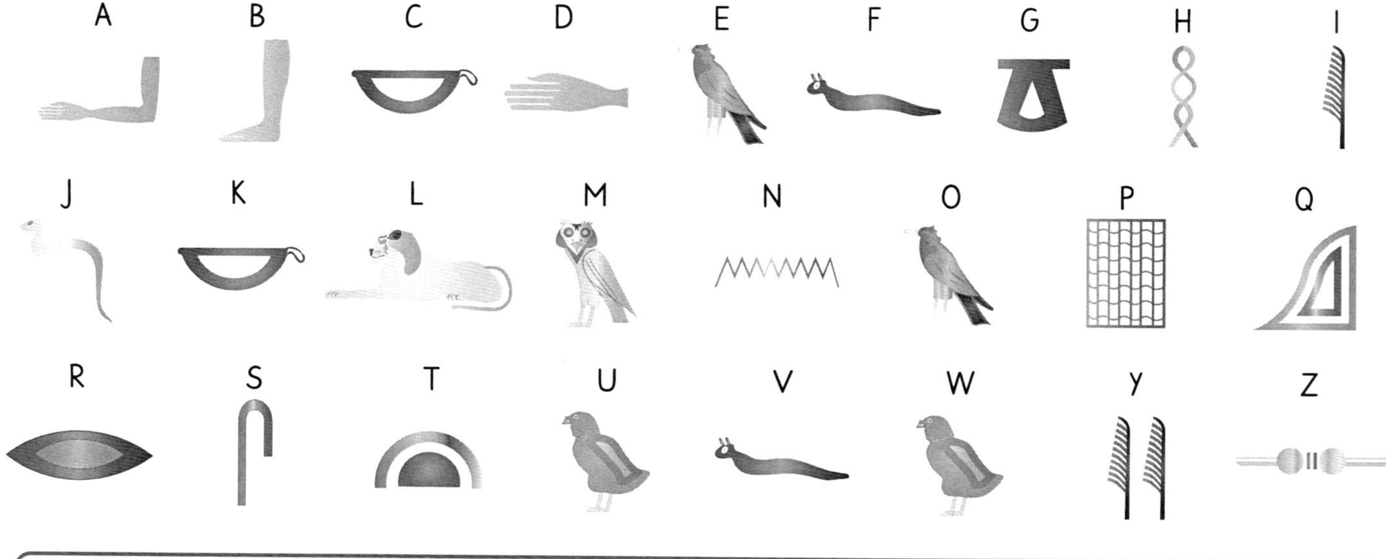

Mein Name: ______________________________

*Aufgabe: Erfinde dein eigenes Hieroglyphen-Alphabet.
Dann schreibe eine Nachricht und zeige sie einem anderen Kind.
Kann deine Nachricht entschlüsselt werden, wenn du nur die Bedeutung einiger deiner Zeichen verrätst?*

A	B	C	D	E	F	G	H	I
J	K	L	M	N	O	P	Q	R
S	T	U	V	W	X	Y	Z	

____

____

Die Kleidung im Alten Ägypten

Du weißt bereits, dass es im Alten Ägypten sehr warm war. Deshalb war den Menschen wichtig, dass sie nicht in ihrer Kleidung schwitzten. Die meisten trugen helle, leichte Stoffe aus Leinen. Oft bedeckten Männer und auch Frauen nur den Unterkörper, den Oberkörper aber nicht.
Viele Männer trugen eine Art Rock. Manchmal banden sie die Tücher auch anders oder bedeckten den Oberkörper. Das kam ganz darauf an, was gerade in Mode war. Frauen trugen gerne lange, weiße Kleider. Kinder blieben nackt. Die meisten Menschen liefen barfuß, manche zogen Sandalen aus Papyrus, Palmblättern oder Leder an.
Zu besonderen Anlässen trugen die Alten Ägypter auch Schmuck. Diesen konnten sich aber nicht viele Menschen leisten. Auch Kinder hatten Fußkettchen oder Armbänder.
Pharaonen waren natürlich besonders gekleidet. Auf dem Kopf hatten sie einen prunkvollen Kopfschmuck. Oft war ihre Kleidung mit Hieroglyphen oder einem Muster verziert.
Gefärbt wurde ihre Kleidung mit Pflanzensäften. Die Pharaonen bekamen die beste Leinenqualität.
Priester trugen im Alten Ägypten meist ein Leopardenfell über den Schultern.
Die Haare wurden gern in kleinen, dünnen Zöpfen getragen.
Manchmal trugen die Ägypter parfümierte Fettkegel auf dem Kopf. Wenn das Fett in der Sonne schmolz, lief auch der Duft über die Haare.

KOHL VERLAG
Die Ägypter
Sachunterricht Grundschule – Bestell-Nr. 12 895

Die Kleidung im Alten Ägypten

Aufgabe: Bemale diesen Kopfschmuck der ägyptischen Prinzessinnen nach deinen Vorstellungen.

Aufgabe: Lies die Texte in den Sprechblasen und ordne sie den richtigen Personen zu.

Ich trage einen Rock. Manchmal bedecke ich meinen Oberkörper mit Tüchern.

Ich liebe mein langes Kleid aus Leinen. Es ist so leicht, dass ich es auch an heißen Tagen tragen kann.

Hier in Ägypten ist es so heiß. Deshalb laufe ich oft den ganzen Tag über nackt umher. Das stört hier eigentlich niemanden.

Meine Kleidung habe ich mit Pflanzensäften gefärbt. Ich trage nur die besten Leinengewänder. Außerdem habe ich einen wundervollen Kopfschmuck.

Ich trage einen weißen Rock. Über meine Schultern trage ich ein Leopardenfell.

- Pharao
- Ägyptische Frau
- Ägyptischer Mann
- Priester
- Kind

Kindheit im Alten Ägypten

Kinder wurden im Alten Ägypten schon früh mit zur Arbeit genommen. Sie halfen am Feld, in den handwerklichen Berufen der Väter oder im Haushalt mit. Ab 5 Jahren konnten sie eine Schule besuchen. Das konnten sich aber nur die reicheren Menschen leisten, da bei den ärmeren Familien jede helfende Hand wichtig war. Der Unterricht fand auf dem Boden sitzend statt. Schreiben und Lesen waren die wichtigsten Fächer. Die Hieroglyphen malten die Kinder auf Tonscherben oder auch auf Holz. Die Schule brauchten alle, die später einmal angesehene Berufe ergreifen wollten, wie zum Beispiel Schreiber, Lehrer, Priester oder Arzt.

Am liebsten spielten die Kinder im Alten Ägypten „Hund- und-Schakal. Dabei wurden kleine Holzstifte in eine Hundefigur aus Ton gesteckt. Auch Holztiere und kleine Spielboote waren beliebt.

Die Kinder bekamen ihren Kopf kahl geschoren. Nur eine Strähne wurde übrig gelassen. Diese wurde zur Jugendlocke geflochten.

Die Lebenserwartung war im Alten Ägypten nicht gerade hoch. Viele Erkrankungen, Verletzungen oder Entzündungen konnten nicht geheilt werden, weil es viele Medikamente gar nicht gab. Natürlich gab es auch Menschen, die sehr alt wurden. Arme Menschen, die viel arbeiten mussten, starben meist früher. Im Durchschnitt wurden die Menschen im Alten Ägypten nur 35 Jahre alt.

KOHL VERLAG Die Ägypter Sachunterricht Grundschule – Bestell-Nr. 12 895

Kindheit im Alten Ägypten

Aufgabe: Kannst du die Wörter in der Wörterschlange finden und die Sätze richtig aufschreiben?

DIEKINDERHALFENAMFELDINDENHANDWERKLICHENBERUFENDERVÄTERODERIMHAUSHALTMIT

KINDERDIENICHTMITHELFENMUSSTENKONNTENEINESCHULEBESUCHEN

DIEKINDERSCHRIEBENAUFTONSCHERBENODERAUFHOLZ

MITEINERSCHULAUSBILDUNGKONNTEMANARZTSCHREIBERLEHRERODERPRIESTERWERDEN

Aufgabe: Denke darüber nach, wie sich deine Kindheit von der der Kinder im Alten Ägypten unterscheidet. Was ist anders? Gibt es auch Gemeinsamkeiten? Notiere deine Ideen dazu in Stichwörtern.

	Meine Kindheit	Kindheit im Alten Ägypten
Zuhause		
Schule		
Freizeit		
Aussehen		

Der Pharao

Der König wurde im Alten Ägypten Pharao genannt. Die Menschen glaubten, der Pharao sei der Sohn des Sonnengottes Re. Ein Pharao war die ranghöchste Person im ganzen Reich. Alles, was der Pharao beschloss, musste geschehen.

Der Wesir erzählte dem Pharao jeden Tag, was im Land vor sich ging.

Um das Reich ungestört regieren zu können, ließen die Pharaonen sogar Mitglieder ihrer eigenen Familie ermorden. Berühmt aber wurden die Pharaonen für die prächtigen Pyramiden, die sie erbauen ließen. Sie waren ihre Grabstätten. Pharao Cheops ließ eine riesige Pyramide erbauen. Tutanchamun war ein besonders junger Pharao. Er wurde bereits mit neun Jahren zum König von Ägypten. Er starb mit nur 19 Jahren. Die Menschen vergaßen ihn. So fanden auch die Grabräuber sein Grab nicht und viele Schätze, die in die Grabkammer gelegt wurden, sind erhalten geblieben. Der wohl mächtigste Herrscher aber war König Ramses II.

Experten-Wissen:

Hatte ein Pharao keinen Sohn, so durfte auch die Tochter Königin werden. Eine der berühmtesten Herrscherrinnen über Ägypten war Kleopatra. Angeblich soll sie besonders klug und schön gewesen sein. Selbst Cäsar, der römische Kaiser, verliebte sich in sie.

KOHL VERLAG Die Ägypter
Sachunterricht Grundschule – Bestell-Nr. 12 895

Der Pharao

<u>Aufgabe</u>: Findest du die 5 Fehler im linken Bild?
Kreise sie ein.

<u>Aufgabe</u>: Schreibe die passenden Fragen zu diesen Antworten.

1) Antwort: Er wurde Pharao genannt.
   Frage: ____

2) Antwort: Er wollte wissen, was in seinem Land geschah.
   Frage: ____

3) Antwort: Sie hießen Pyramiden.
   Frage: ____

4) Antwort: Er hieß Tutanchamun.
   Frage: ____

5) Antwort: Er war der mächtigste Herrscher.
   Frage: ____

Die Götter und der Glaube im Alten Ägypten

Die Menschen im Alten Ägypten glaubten nicht nur an einen Gott, sondern an viele. Der Glaube war den Ägyptern sehr wichtig. Jeder Gott hatte eine andere Aufgabe. Man glaubt, dass es weit über 1000 Götter gab.

Amun-Re

Amun-Re, oder auch einfach nur Re genannt, war der Sonnengott. Er war der wichtigste Gott und galt als Schöpfer der Welt. Das Symbol für den Sonnengott war ein Mann mit dem Kopf eines Falken und mit einer Sonnenscheibe.

Maat

Maat war die Göttin der Gerechtigkeit. Sie kümmerte sich auch um die Jahreszeiten und um die Sterne. Die Göttin wurde mit einer Straußenfeder auf dem Kopf gezeichnet.

Osiris und Isis

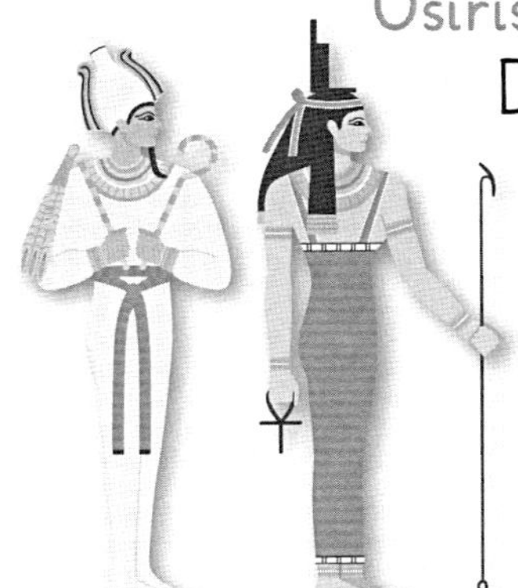

Der Gott der Unterwelt und Herr über die Toten war Osiris. Dieser Gott wurde mit einem Krummstab in der Hand dargestellt. Seine Frau Isis war die Göttin der Auferstehung und der Geburt. Isis erkennt man an einem Thron oder an Kuhhörnern, die sie auf dem Kopf trägt.

Horus

Einer der beliebtesten Götter im Alten Ägypten war Horus, der Beschützer der Kinder. Er wurde meist als Falke gezeichnet, manchmal aber auch als Kind mit einem Finger im Mund.

KOHL VERLAG Die Ägypter Sachunterricht Grundschule – Bestell-Nr. 12 895

Die Götter und der Glaube im Alten Ägypten

<u>Aufgabe</u>: *Die Götter im Alten Ägypten hatten besondere Aufgaben und sahen ganz unterschiedlich aus. Erfinde selbst einen Gott, zeichne ihn auf und beschreibe ihn: Wofür ist dein Gott zuständig? Hat er besondere Kräfte? Wie sieht er aus?*

<u>Aufgabe</u>: *Kennst du die Götter der Ägypter? Male die Wortkärtchen und Bilderrahmen, die zusammen gehören, mit derselben Farbe an.*

Beschützer der Kinder

Osiris

Göttin der Gerechtigkeit

Göttin der Geburt

Göttin der Auferstehung

Horus

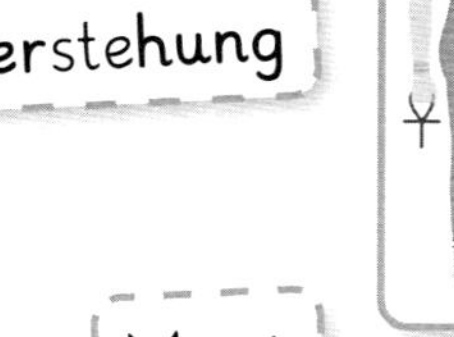

Isis

Maat

Krummstab

beliebtester Gott

Gott der Unterwelt

Schöpfer der Welt

kümmert sich um die Jahreszeiten und Sterne

Sonnengott

Amun-Re

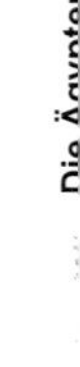

Mumien

Die Menschen im Alten Ägypten glaubten fest an ein Leben nach dem Tod. Deshalb mumifizierten sie ihre Toten. Das bedeutet, dass die Körper der

Verstorbenen zunächst getrocknet und dann in ein spezielles Bad gelegt wurden. Später wurde der Körper mit Leinenbandagen umwickelt. Dabei wurden auch schöne Amulette mit eingewickelt, die die Verstorbenen schützen sollten. Die Mumie wurde schließlich in einen Sarg gelegt. Dieser war in der Form eines Menschen und an den Innenwänden reich verziert.

Damit die Menschen auch nach dem Tod ein schönes Leben im Jenseits führen konnten, legten die Alten Ägypter ihnen wertvolle Dinge in das Grab. Das waren Musikinstrumente, Edelsteine und Schmuck oder alles, was ihnen wertvoll erschien.

Hochrangige Personen wurden im Alten Ägypten nicht einfach in der Erde bestattet, sondern bekamen eine eigene Grabkammer. In manchen Pyramiden gab es sogar mehrere Grabkammern.

Experten-Wissen:
Neben Menschen wurden auch Tiere mumifiziert. Im Alten Ägypten galten Katzen, Stiere und Krokodile als heilig. Deshalb wurden sie nach ihrem Tod besonders behandelt. In Museen kannst du deshalb auch Krokodil- oder Katzenmumien bestaunen.

Die Ägypter
Sachunterricht Grundschule – Bestell-Nr. 12 895
KOHL VERLAG

Mumien

Aufgabe: *Sieh nur, wie schön diese Säulen einer ägyptischen Grabkammer sind! Denke dir selbst ein ägyptisches Muster aus und gestalte eine Säule.*

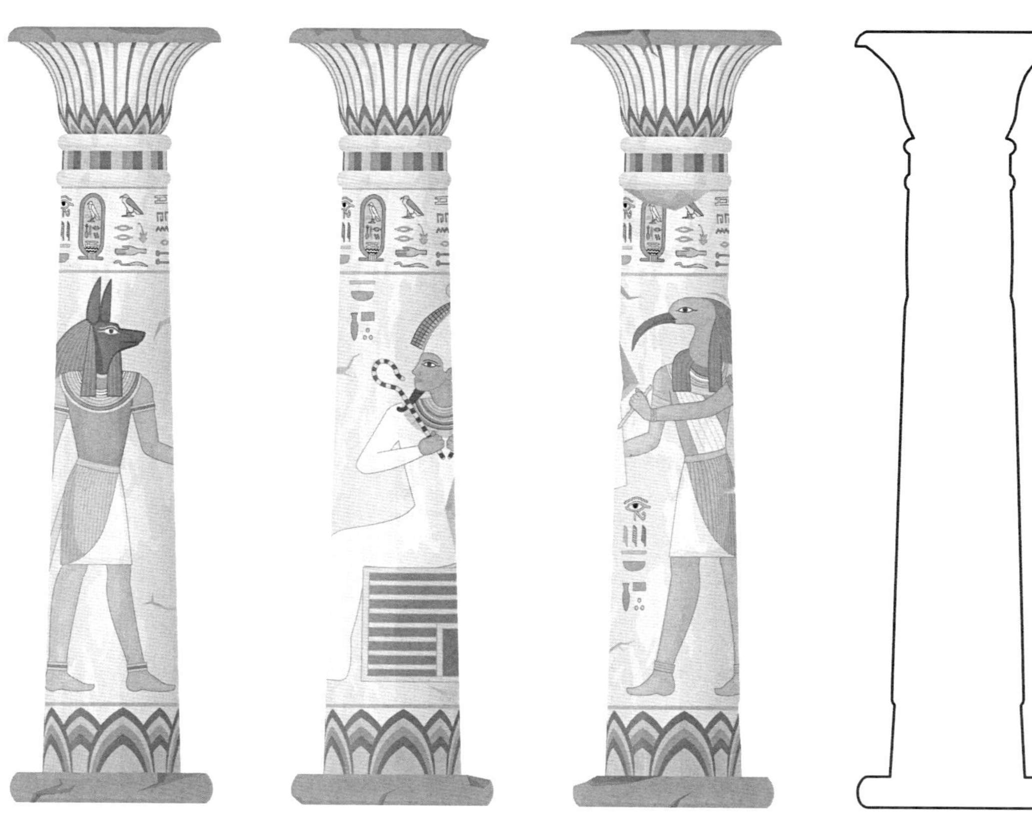

Aufgabe: *Schreibe passende Sätze zum Thema Mumien mit Hilfe dieser Stichwörter.*

1) Alten Ägypten – glaubten – Leben nach dem Tod

___

2) mumifizierten – trockneten – Bad

___

3) Amulette – schützen – einwickeln

___

4) Edelsteine, Musikinstrumente und Schmuck – Grab – schönes Leben im Jenseits

___

5) Hochrangig – Grabkammer – Pyramide

___

Die Pyramiden

Die wichtigste Aufgabe eines Pharaos war – neben dem Regieren über das Land – der Bau einer Pyramide. Noch streiten sich die Wissenschaftlerinnen und Wissenschaftler darüber, warum die Pyramiden gebaut wurden. Möglich ist, dass die Menschen glaubten, die gestorbenen Pharaonen können weiter über sie wachen, wenn sie ein Grab mit einer Treppe in den Himmel bekommen würden. Nicht nur verstorbene Pharaonen lagen in einer Pyramide. Auch die Frauen der Pharaonen und wichtige Menschen im Staat durften in einer Pyramide bestattet werden. Am Bau der Pyramiden waren nicht nur Sklaven beteiligt. Manche Forscherinnen und Forscher glauben, dass die Menschen, die an der Pyramide arbeiteten auch gut entlohnt wurden. Es gibt mehr als 100 Pyramiden in Ägypten. Die wichtigste von ihnen ist die Cheops Pyramide. Sie befindet sich in Gizeh, umgeben von zwei weiteren großen Pyramiden und mehreren kleineren Pyramiden. Der Bau dieser, damals 146 Meter hohen Pyramide, muss sehr aufwendig gewesen sein. Die 50 Tonnen schweren Steine der Pyramide sind exakt geschnitten und sogar millimetergenau - und das zu einer Zeit, in der es noch gar keine modernen Hilfsmittel gab. Außerdem besteht die Pyramide aus mehr als 2 Millionen Steine, die irgendwie an diese Stelle gebracht worden sind. Wie genau die Alten Ägypter das geschafft haben, ist immer noch ein Rätsel. Bis heute gilt die Cheops Pyramide deshalb als eines der sieben Weltwunder.

Experten-Wissen:
Leider sind nicht alle Pyramiden und die Grabbeigaben erhalten geblieben. Bereits im Alten Ägypten gab es Grabräuber. Sie kannten Geheimeingänge in die Grabstätten und raubten goldenen Schmuck, der zu den toten Königinnen und Königen gelegt wurde.

Die Ägypter
Sachunterricht Grundschule – Bestell-Nr. 12 895
KOHL VERLAG

Die Pyramiden

__Aufgabe__: *Nun bist du in einer geheimnisvollen Grabkammer. Als Forscher oder Forscherin nimmst du natürlich alles genau unter die Lupe. Finde diese 7 Bildausschnitte im großen Bild wieder.*

__Aufgabe__: *Die blauen Wege führen durch die Pyramide. Welchen Weg musst du wählen, um bis zur Spitze zu gelangen? Zeichne den richtigen Weg mit einem roten Stift nach.*

Erfindungen im Alten Ägypten

Wusstest du, dass viele Dinge aus unserem Leben auf eine Erfindung der Alten Ägypter zurückgehen?
Eine der bekanntesten Erfindungen verwendest du sogar jeden Tag: das Papier. Im Alten Ägypten wurde erstmals auf Papyrusblättern geschrieben. Das war neu, denn bis dahin schrieben die Menschen auf Tierhäuten, Tontafeln oder auf Stein. Die Papyruspflanze war im Alten Ägypten weit verbreitet. Um Papyrus herzustellen, wurde das Innere der Pflanze in dünne Streifen geschnitten und diese übereinandergelegt. Dann wurden die Streifen geklopft und gepresst und die Oberfläche wurde getrocknet. Die Herstellung dieses besonderen Papiers war also sehr aufwendig. Deshalb war Papyrus kostbar und einfache Notizen wurden nicht auf Papyrus geschrieben, sondern auf Tonscherben. Viele andere Völker schauten sich diese Technik ab und schrieben ebenso auf Papyrus.
Eine weitere wichtige Erfindung geht ebenfalls auf die Alten Ägypter zurück: das Türschloss. Die Türschlösser waren damals aber aus Holz. Trotzdem wird das eigentliche Prinzip dieses Türschlosses auch bei den heutigen Türschlössern verwendet.
Auch das Make up stammt von den Alten Ägyptern. Auch Männer schminkten ihre Augen, meist in Grün- oder Blautönen. Auf vielen Ägyptischen Wandmalereien ist das gut zu sehen.

Experten-Wissen:
Die weltweit am besten erhaltene und längste Schriftrolle aus Papyrus kannst du in der Universitätsbibliothek Leipzig betrachten. Sie ist fast 19 Meter lang und enthält 900 medizinische Rezepte.

Die Ägypter
Sachunterricht Grundschule – Bestell-Nr. 12 895
KOHL VERLAG

Erfindungen im Alten Ägypten

<u>Aufgabe</u>: *Hier siehst du Schatten verschiedener ägyptischer Gegenstände und Symbole. Kannst du diese Dinge im großen Bild finden? Verbinde richtig.*

<u>Aufgabe</u>: *In diesem Suchsel haben sich 14 Begriffe versteckt. Finde sie und kreise sie ein.*

Pyramide • Schreiber • Ramses • Nil • Pharao • Papyrus • Kleopatra • Mumien • Hieroglyphen • Grabkammer • Abgaben • Wesir • Tutanchamun • Hohepriester

A	L	V	S	O	R	H	S	U	N	B	A	M	U	M	I	E	N	U	L	J	C	A	R	K	T
P	R	T	C	H	Y	M	L	W	I	O	R	A	N	T	H	Y	R	P	Q	G	R	P	U	L	E
Y	M	S	H	I	E	R	O	G	L	Y	P	H	E	N	P	A	B	O	N	P	R	A	C	E	X
R	U	L	R	F	T	A	X	G	R	A	B	K	A	M	M	E	R	V	I	H	S	P	R	O	Y
A	F	R	E	M	Y	M	S	K	U	P	N	O	C	A	X	I	L	T	U	A	F	Y	R	P	E
M	U	P	I	T	A	S	Q	I	F	A	B	G	A	B	E	N	U	K	V	R	O	R	T	A	M
I	R	L	B	E	W	E	S	I	R	K	I	M	T	U	T	A	N	C	H	A	M	U	N	T	X
D	X	I	E	L	U	S	A	P	U	N	Q	W	A	G	K	I	M	B	U	O	L	S	T	R	E
E	I	M	R	A	K	W	H	O	H	E	P	R	I	E	S	T	E	R	O	B	H	I	M	A	D

Lernzielkontrolle „Die Ägypter"

Frage 1: *Wähle die richtige Antwort aus.*

1. Warum leben die meisten Menschen in Ägypten im Niltal oder im Nildelta?
   - ◯ Weil sie gerne mit Schiffen unterwegs sind.
   - ◯ Weil es dort fruchtbaren Boden gibt.
   - ◯ Weil sie gern Krokodilfleisch essen.
2. Warum werden heute mitten in Ägypten Wälder gepflanzt?
   - ◯ Weil das Abwasser verwendet werden kann und es häufiger regnet.
   - ◯ Weil die Ägypter darauf hoffen, dass sich endlich Bären und Wölfe ansiedeln.
   - ◯ Weil Heidelbeeren und Walderdbeeren in Ägypten eine Delikatesse sind.
3. Warum war der Nilschlamm für die Bauern im Alten Ägypten besonders wichtig?
   - ◯ Weil er die Haut der Kühe vor Sonnenbrand schützte.
   - ◯ Weil er ein guter Dünger für den Boden war.
   - ◯ Weil er die Erde austrocknete.

Frage 2: *Ordne die Wortkärtchen den richtigen Begriffen zu. Bemale den Rahmen in der richtigen Farbe.*

Hochkultur

Pharao

Pyramiden

Entstehung von Handel

ranghöchste Person

Treppe in den Himmel

Ramses II

Grabstätte

König

Cheops Pyramide

Gizeh

oberster Priester

gemeinsame Religion, Sprache und Schrift

Die Ägypter
Sachunterricht Grundschule – Bestell-Nr. 12 895
KOHL VERLAG

Lernzielkontrolle „Die Ägypter"

Frage 3: *Löse das Kreuzworträtsel.*

1. Wer berichtete dem Pharao über Ereignisse im Land?
2. Wie hieß im Alten Ägypten die Zeit der Aussaat?
3. Wie heißt eine beliebte Getreidesorte im Alten Ägypten?
4. Wie heißen die Schriftzeichen im Alten Ägypten?
5. Aus welcher Pflanze stellten die Ägypter die Schriftrollen her?
6. Wie hieß der Gott der Unterwelt?

Frage 4: *Richtig oder falsch? Kreuze an.*

	wahr	falsch
Es gibt über 2000 Hieroglyphen.		
Im Alten Ägypten trugen Männer einen Leinenrock.		
Die Priester im Alten Ägypten trugen Löwentatzen auf den Schultern.		
Eine Jugendlocke ist ein salziges Gebäck.		
Im Alten Ägypten gab es bereits Schulen.		
Die Bauern im Alten Ägypten wurden Dellurchen genannt.		
Tutanchamun war ein besonders junger Pharao.		
Der Sonnengott wurde Amun-Re genannt.		

Frage 5: ***Was fällt dir zu diesen Begriffen ein? Notiere jeweils 3 Stichwörter.***

1. Mumien: ______________________________
2. Pyramiden: ______________________________
3. Erfindungen im Alten Ägypten: ______________________________

Lösungen

Die Lage Ägyptens

Ägypten ist ein Staat in Afrika. Fast das ganze Land besteht aus Wüste. Im Niltal und entlang des Flusses leben die meisten Menschen. In Ägypten ist es sehr trocken und die wenigen Regentage werden sehnlichst erwartet. Gerade deshalb ist der Nil so wichtig für die Menschen, die in Ägypten leben.

Die Lage Ägyptens

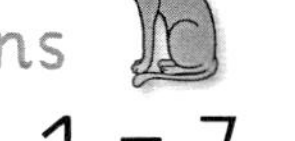

In 7 Jahren: 7 • 1 = 7-mal
In 50 Jahren: 50 • 1 = 50-mal
In 80 Jahren: 80 • 1 = 80-mal

In 36 Monaten: 36 : 12 = 3;   3 • 1 = 3-mal
In 60 Monaten: 60 : 12 = 5;   5 • 1 = 5-mal

Das Alte Ägypten

individuelle Lösungen

Das Alte Ägypten

Die ägyptische Geschichte beginnt vor etwa 5000 Jahren. Zu diesen Zeiten gab es Könige, die sich Pharaonen nannten. Die Ägypter waren hervorragende Künstler, Handwerker und Bildhauer. Zum Glück sind noch viele der schönen Kostbarkeiten erhalten geblieben. Ägypten wurde im Laufe der Zeit mehrmals erobert. Die Perser, die Römer und die Griechen nahmen das Land immer wieder ein. Um Christus Geburt wurde Ägypten ein Teil des römischen Reiches.

Ein Wald in der Wüste

Aufgabe 1: Bildgestaltung
Aufgabe 2: 11 nach links, 9 nach rechts

Ein Wald in der Wüste

individuelle Lösungen

KOHL VERLAG
Die Ägypter
Sachunterricht Grundschule – Bestell-Nr. 12 895

Lösungen

Der Nil und die Jahreszeiten im Alten Ägypten 

Lösungswort: Hochkultur

Der Nil heute 

Die Menschen waren schon vor langer Zeit vom Nil und den Überschwemmungen des Flusses abhängig.
Vor 60 Jahren wurde in Ägypten der damals größte Staudamm der Welt gebaut.
Man wollte damit den Nil regulieren und ihn kontrollieren.
Der Staudamm wurde Assuan Staudamm genannt.
Nun konnten die Felder das ganze Jahr bewässert werden.
Der Nachteil ist, dass der fruchtbare Nilschlamm ausbleibt.
Bauern müssen daher Kunstdünger verwenden und im Nil gibt es weniger Fische.
Die Böden versanden und viele Menschen verloren ihre Heimat.

Der Nil heute 

Was ist eine Hochkultur?

	wahr	falsch
Es gibt mehrere Hochkulturen.	X	
Das Volk in einer Hochkultur hat die selbe Frisur.		X
Das Volk in einer Hochkultur hat Haustiere.		X
Das Volk in einer Hochkultur hat eine gemeinsame Sprache und Schrift.	X	
In einer Hochkultur haben die Menschen keine Armee.		X
In einer Hochkultur sitzt man auf Hochstühlen.		X
Hochkulturen entwickeln sich dort, wo das Land besonders fruchtbar ist.	X	
Handel ist ein besonders schöner Tanz.		X

Lösungen

Was ist eine Hochkultur?

Das Alte Ägypten war eine Hochkultur. In einer Hochkultur haben die Menschen eine gemeinsame Sprache, Schrift, Armee und Religion. Hochkulturen entstanden dort, wo das Land besonders fruchtbar war und Nahrungsmittel angebaut werden konnten. Dort blieben die Menschen und lernten voneinander. Sie tauschten Gegenstände oder Lebensmittel miteinander. So entstand der Handel.

Die Gesellschaftsstruktur im Alten Ägypten 

Die Gesellschaftsstruktur im Alten Ägypten 

	Rangordnung in der Gesellschaft	Aufgabe
Hohepriester	3	Götter anbeten, Pharao einbalsamieren
Pharao	1	Herrschen über das Reich, Bauen einer Pyramide
Schreiber	4	dem Volk Befehle des Pharaos mitteilen, Notieren der Abgaben
Wesir	2	Berichterstattung, Überwachung der Einhaltung der Gesetze

KOHL VERLAG
Die Ägypter
Sachunterricht Grundschule – Bestell-Nr. 12 895

Lösungen

Die Bauern im Alten Ägypten

Die Ernährung im Alten Ägypten

Die Ernährung im Alten Ägypten

Was die Menschen im Alten Ägypten gerne aßen, sehen wir auf Wandmalereien. Beliebte Getreidepflanzen waren Weizen, Gerste und Emmer. Daraus machten die Alten Ägypter Brot, Pfannkuchen oder Kuchen. Dazu tranken sie gerne Milch, Wein oder Bier. Sie süßten ihr Brot mit Honig oder Tigernüssen. Auch Fleisch und Fisch wurde gegessen. Zwiebel, Nüsse, Oliven, Granatäpfel, Trauben, Datteln oder Feigen standen ebenfalls auf dem Speiseplan.

Lösungen

Die Hieroglyphen

individuelle Lösungen

Die Hieroglyphen

individuelle Lösungen

Die Kleidung im Alten Ägypten

individuelle Lösungen

Die Kleidung im Alten Ägypten

Ägyptischer Mann: Ich trage einen Rock. Manchmal bedecke ich meinen Oberkörper mit Tüchern.

Ägyptische Frau: Ich liebe mein langes Kleid aus Leinen. Es ist so leicht, dass ich es auch an heißen Tagen tragen kann.

Kind: Hier in Ägypten ist es so heiß. Deshalb laufe ich oft den ganzen Tag über nackt umher. Das stört hier eigentlich niemanden.

Pharao: Meine Kleidung habe ich mit Pflanzensäften gefärbt. Ich trage nur die besten Leinengewänder. Außerdem habe ich einen wundervollen Kopfschmuck.

Priester: Ich trage einen weißen Rock. Über meine Schultern trage ich ein Leopardenfell.

Kindheit im Alten Ägypten

Die Kinder halfen am Feld, in den handwerklichen Berufen der Väter oder im Haushalt mit.

Kinder, die nicht mithelfen mussten, konnten eine Schule besuchen.

Die Kinder schrieben auf Tonscherben oder auf Holz.

Mit einer Schulausbildung konnte man Arzt, Schreiber, Lehrer oder Priester werden.

Kindheit im Alten Ägypten

individuelle Lösungen

Die Ägypter
Sachunterricht Grundschule – Bestell-Nr. 12 895
KOHL VERLAG

Lösungen

Der Pharao

1. Frage: Wie wurde der ägyptische König genannt?
2. Frage: Warum brauchte der Pharao den Wesir?
3. Frage: Wie hießen die Grabstätten der Pharaonen?
4. Frage: Wie hieß ein besonders junger Pharao, der mit 19 Jahren starb?
5. Frage: Wer war König Ramses II?

Die Götter und der Glaube im Alten Ägypten

individuelle Lösungen

Die Götter und der Glaube im Alten Ägypten

Amun-Re: Sonnengott, Schöpfer der Welt
Maat: Göttin der Gerechtigkeit, kümmert sich um die Jahreszeiten und Sterne
Osiris: Gott der Unterwelt, Krummstab
Isis: Göttin der Auferstehung, Göttin der Geburt
Horus: beliebtester Gott, Beschützer der Kinder

Mumien

Bildgestaltung

Mumien

1. Die Menschen im alten Ägypten glaubten an ein Leben nach dem Tod.
2. Die Ägypter mumifizierten den Körper, indem sie ihn trockneten und in ein Bad legten.
3. Amulette, die die Toten schützen sollten, wurden in die Mumie eingewickelt.
4. Die Ägypter legten den Verstorbenen auch Edelsteine, Musikinstrumente und Schmuck ins Grab, damit sie ein schönes Leben im Jenseits hatten.
5. Hochrangige Ägypter wurden in einer Grabkammer in einer Pyramide bestattet.

Lösungen

Die Pyramiden

Die Pyramiden

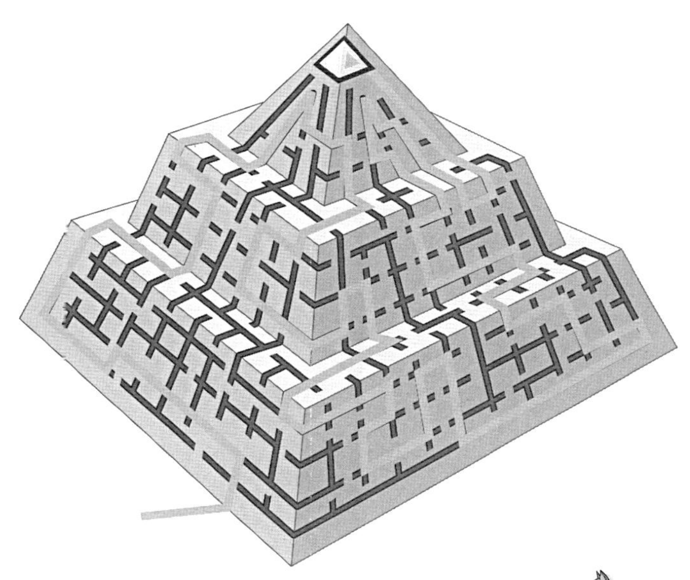

Erfindungen im Alten Ägypten

Erfindungen im Alten Ägypten

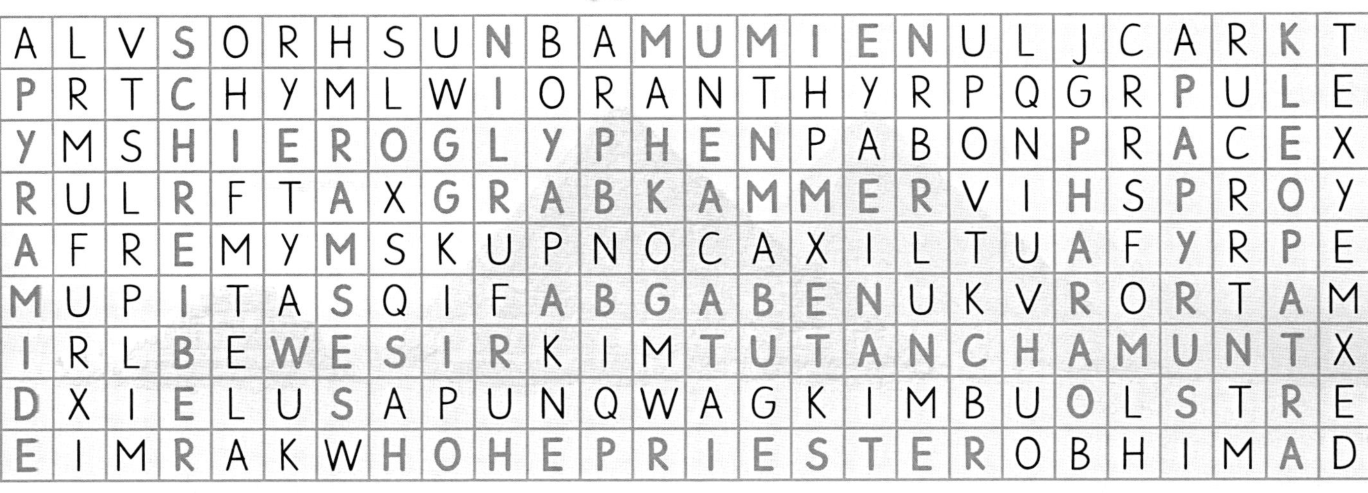

A	L	V	S	O	R	H	S	U	N	B	A	M	U	M	I	E	N	U	L	J	C	A	R	K	T
P	R	T	C	H	Y	M	L	W	I	O	R	A	N	T	H	Y	R	P	Q	G	R	P	U	L	E
Y	M	S	H	I	E	R	O	G	L	Y	P	H	E	N	P	A	B	O	N	P	R	A	C	E	X
R	U	L	R	F	T	A	X	G	R	A	B	K	A	M	M	E	R	V	I	H	S	P	R	O	Y
A	F	R	E	M	Y	M	S	K	U	P	N	O	C	A	X	I	L	T	U	A	F	Y	R	P	E
M	U	P	I	T	A	S	Q	I	F	A	B	G	A	B	E	N	U	K	V	R	O	R	T	A	M
I	R	L	B	E	W	E	S	I	R	K	I	M	T	U	T	A	N	C	H	A	M	U	N	T	X
D	X	I	E	L	U	S	A	P	U	N	Q	W	A	G	K	I	M	B	U	O	L	S	T	R	E
E	I	M	R	A	K	W	H	O	H	E	P	R	I	E	S	T	E	R	O	B	H	I	M	A	D

Die Ägypter
Sachunterricht Grundschule – Bestell-Nr. 12 895
KOHL VERLAG

Lösungen

Lernzielkontrolle „Die Ägypter"

Lösung 1:

Warum leben die meisten Menschen in Ägypten im Niltal oder im Nildelta?
- Weil es dort fruchtbaren Boden gibt.

Warum werden heute mitten in Ägypten Wälder gepflanzt?
- Weil das Abwasser verwendet werden kann und es häufiger regnet.

Warum war der Nilschlamm für die Bauern im Alten Ägypten besonders wichtig?
- Weil er ein guter Dünger für den Boden war.

Lösung 2:

Hochkultur: gemeinsame Religion, Sprache und Schrift – Entstehung von Handel

Pharao: König – ranghöchste Person – Ramses II – oberster Priester

Pyramiden: Treppe in den Himmel – Cheops Pyramide – Grabstätte – Gizeh

Lösung 3:

		6.		2.								
		O	5.	P	A	P	Y	R	U	S	1.	
		S		E							W	
4.	H	I	E	R	O	G	L	Y	P	H	E	N
		R		E							S	
		I		T							I	
		S				3.	E	M	M	E	R	

Lösung 4:

	wahr	falsch
Es gibt über 2000 Hieroglyphen.		X
Im Alten Ägypten trugen Männer einen Leinenrock.	X	
Die Priester im Alten Ägypten trugen Löwentatzen auf den Schultern.		X
Eine Jugendlocke ist ein salziges Gebäck.		X
Im Alten Ägypten gab es bereits Schulen.	X	
Die Bauern im Alten Ägypten wurden Dellurchen genannt.		X
Tutanchamun war ein besonders junger Pharao.	X	
Der Sonnengott wurde Amun-Re genannt.	X	

Lösung 5:

1. Mumien: Einbalsamierung, Leinenwickel, hochrangige Personen
2. Pyramiden: Treppe in den Himmel, Gizeh, Grabkammern
3. Erfindungen im Alten Ägypten: Papier (Papyrus), Türschloss, Make up

Bildquellen

Bildquellen © AdobeStock.com:

S. 4-39: Glassseeker;
S. 4: Guillaume Le Bloas;
S. 5-42: Anchalee;
S. 5-49: roomyana;
S. 5: javarman;
S. 8: Lev;
S. 9: Casimiro, Lev, andrew7726;
S. 10: Milya Shaykh;
S. 11: manuela_kral;
S. 13: AlexAnton;
S. 14: Michael Rucker, Samuel B.;
S. 15: Omika;
S. 17: Stockgiu;
S. 18: Christos Georghiou;
S. 19: ksenyasavva;
S. 20: Microgen, Ruckszio;
S. 21: Juliafdt;
S. 22: Matrioshka;
S. 23: Elnur, Dionisvera, oriori, womue;
S. 24: Olga, ksaey, iconshow (9x), Morozov Alexey, netsign, Hans-Jürgen Krahl;
S. 24: alex_cardo;
S. 25: swisshippo;
S. 26: VECTOR;
S. 27: Matrioshka;
S. 28: vectorinochka, nataljacernecka;
S. 29: Svetlaili;
S. 30: inspiring.team;
S. 31: Elnur, Christos Georghiou;
S. 32: daudau992;
S. 33: Good Studio;
S. 34: Oleksandra, Good Studio;
S. 35: Matrioshka, brummenimohr, Sproview Inc., Christos Georghiou;
S. 36: ssstocker;
S. 37: Pascal, Christos Georghiou;
S. 38: sabelskaya, nataljacernecka;
S. 39: Mathias Weil, Christos Georghiou;
S. 40: MARYIA, Marla;
S. 41: Matrioshka;
S. 44: Michael Rucker, Samuel B.;
S. 45: ksenyasavva;
S. 46: Juliafdt, Matrioshka, Olga, ksaey, iconshow (9x), Morozov Alexey, netsign, Hans-Jürgen Krahl;
S. 48: daudau991;
S. 49: sabelskaya, nataljacernecka, MARYIA, Marla

Gabriela Rosenwald

Wichtige Erfindungen und ihre Erfinder

Bedeutende Erfindungen vom Rad bis zum Internet

Inhalt: Erfinder und Entdecker; Zeitübersicht wichtiger Erfindungen; Das Patent; Bedeutende Erfindungen (Rad, Schwarzpulver, Computer ...); Die Luftfahrt; Verständigung (Kommunikation); Motoren und Autos; Rundfunk und Fernsehen u.v.m.

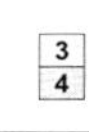

56 Seiten	10 996	ab 14,49 €

Birgit Brandenburg

Wichtige Entdecker der Geschichte

Von Christoph Kolumbus bis Galileo Galilei

Inhalt: Christoph Kolumbus (Ein Seeweg nach Indien wird gesucht ...); Howard Carter (Weltberühmtes Telegramm ...); Marco Polo (Begehrter Werbeträger, Wahrheit oder Lüge?); Andreas Sigismund Marggraf (Runkelrüben, Der Zuckerhut ...); Galileo Galilei (Die Erde - das Zentrum?, James Cook u.a.

72 Seiten	10 995	ab 15,99 €

Wolfgang Wertenbroch

Die Schrift im Alten Ägypten

Hieroglyphen, Pyramiden, Schreiber & Grabräuber

Mit dieser Lernwerkstatt, vorgesehen zum Einsatz in der Grundschule in den Klassen 2 bis 4 sowie in der Sekundarstufe in den Klassen 5 bis 8, lernen die Schüler handelnd in die Kultur der Alten Ägypter einzutauchen, sie nachzuvollziehen und zu erleben – indem sie die Schrift der Hieroglyphen lesen und schreiben. Wenn die Schüler aus ihrer passiven Rolle herausgeholt werden und durch aktives und handelndes Lernen Neues erfahren, ist die schulische Arbeit viel effektiver. Zusätzlich wird jede Menge Freude durch Lernerfolg freigesetzt. Die Kopiervorlagen sind bestens geeignet zum selbstständigen Arbeiten in der Freiarbeit und mit ausführlichen Lösungen - auch zur Selbstkontrolle - ausgestattet.

48 Seiten	11 198	ab 13,49 €

BF · 2 3 4

Gabriela Rosenwald

Als Oma und Opa noch zur Schule gingen

Die Geschichte der Schule von früher bis heute

Inhalt: Geschichte der Schule (Schule im 18./19. Jhdt., Tornister, R... Steiner, Maria Montessori...); Lesen und Schreiben (Bleistift...); R... nen; Schulleben (Belohnung und Strafen, Das Zeugnis...); Zum g... Schluss (Ausstellung „Schule früher") u.v.m.

80 Seiten	10 977	ab 14,99 €

Birgit Brandenburg

Der Traum vom Fliegen

Die Geschichte der Luftfahrt von früher bis heute

Neben der geschichtlichen Entwicklung der Luftfahrt geht dieser Bar... vielen Beispielen und Versuchen auf zahlreiche spannende Fragen e... Inhalt: Die Geschichte des Fliegens; Flugobjekte; Wie ein Flugz... funktioniert; Wie ein Flughafen funktioniert; Fliegende Tiere und Tech... Kurioses, Komisches & Kauziges

64 Seiten	12 075	ab 13,49 €

Sabrina Hinrichs

Mumien & Hieroglyphen

Ägyptische Geschichte in Rätseln

Pyramiden, Sphinxe, Sarkophage und Mumien ... Informative Wiss... texte wechseln sich mit altersgerechten Rätseln ab. Was sind Hiero... phen und wer hat sie entschlüsselt? Was ist eine Mumie und wa... wurden die Pyramiden gebaut? Die ägyptische Geschichte wird alt... gerecht erklärt und mit Rätselspaß kombiniert vermittelt.

48 Seiten	12 702	ab 13,49 €

BF

Sabrina Hinrichs

Ritter & Burgen

Das Mittelalter in Rätseln

In diesem spannenden Rätselband wechseln sich informative Wiss... texte mit altersgerechten Rätseln ab. Das Thema „Ritter und Burg... fasziniert bis heute Jung und Alt gleichermaßen. Mehr darüber zu... fahren, wie sie lebten, was sie dachten und erforschten, wird in die... Band mit Hilfe von Texten dargeboten, die viele Informationen zu die... Themen beinhalten. Unterschiedlich aufgebaute, altersgerechte Rä... motivieren, sich mit dem Inhalt nochmals aus einer anderen Perspektive zu beschäftigen.

48 Seiten	12 896	ab 13,49 €

Aa BF

Sonderpädagogischer Förderbedarf

Anni Kolvenbach

Griechen, Römer, Steinzeit

Der Geschichtsunterricht sollte anschaulich gestaltet sein, damit Personen und Lebensweisen aus Vorzeiten begriffen werden. Auf diese Weise sind diese drei spannenden Epochen der Menschheit aufbereitet und bereit für Ihren Unterricht.

Aa FÖ INK

Griechen	12 695	
Römer	12 694	je 32 Seiten
Steinzeit	12 714	ab 11,99 €

3 4

Anni Kolvenbach

Das Mittelalter

NEU

Der Geschichtsunterricht stellt gerade im Sonderpädagogischen Förderbereich LE besondere Herausforderungen dar – gerade an der Regelschule im Feld der Inklusion. Diese Kopiervorlagensammlung knüpft an die Themen des Kernlehrplans an und bricht die komplexen Themen des Mittelalters herunter. Vom Beginn des Mittelalters, das Leben im Mittelalter, Ritter und Burgen und vielem mehr bietet diese Sammlung eine Differenzierung in drei Niveaustufen.

Aa FÖ INK

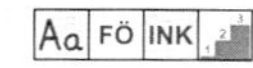

32 Seiten	13 016	ab 11,99 €

3 4

B. Brandenburg, C.Eisenberg, G. Rosenwald & M. Brugger

Geschichte an Stationen

TIPP

Mit wenig Vorbereitungsaufwand Wissenswertes und Spannendes über geschichtliche Themenbe... che und deren Bedeutung für die Weltgeschichte. Die verschiedenen Niveaus entsprechen dem un... schiedlichen Leistungsvermögen der Kinder und erlauben Begeisterung durch Erfolg.

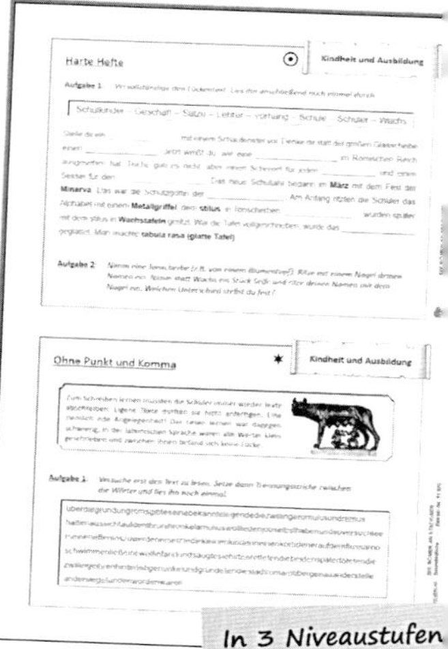

In 3 Niveaustufen zur Differenzierung

64 S.	Die Römer	11 970	ab 14,99 €
64 S.	Die Ägypter	11 971	ab 14,49 €
64 S.	Mittelalter	11 972	ab 14,49 €
72 S.	Entdecker	11 973	ab 14,49 €
80 S.	Erfinder	11 974	ab 16,49 €
72 S.	Steinzeit	12 073	ab 15,99 €
72 S.	Indianer	12 074	ab 15,99 €
64 S.	Die Griechen	12 145	ab 13,49 €
80 S.	Schule früher und heute	12 146	ab 16,49 €
68 S.	Dorf und Stadt früher und heute	12 265	ab 14,99 €
64 S.	Die Dinosaurier	12 390	ab 14,49 €
64 S.	Unsere Vorfahren *(Kelten & Germanen)*	12 564	ab 14,99 €
64 S.	Raumfahrt	12 703	ab 14,99 €
64 S.	Ritter & Burgen	12 890	ab 14,99 €